RÉSEAU DU MÉTRO

Légende:
- ● Station de métro
- ■ Station intermodale
- → Ligne de trains de banlieue
- 🛗 Ascenseur

DIRECTION SAINT-JÉRÔME

MONTMORENCY
DE LA CONCORDE
CARTIER

HENRI-BOURASSA
SAUVÉ
CRÉMAZIE
JARRY

SAINT-MICHEL
D'IBERVILLE
FABRE

HONORÉ-BEAUGRAND
RADISSON
LANGELIER
CADILLAC
ASSOMPTION
VIAU
PIE-IX
JOLIETTE
PRÉFONTAINE
FRONTENAC
PAPINEAU

JEAN-TALON
DE CASTELNAU
PARC
BEAUBIEN
ROSEMONT
LAURIER
MONT-ROYAL
SHERBROOKE

DIRECTION DEUX-MONTAGNES

ACADIE
OUTREMONT

CÔTE-VERTU
DU COLLÈGE
DE LA SAVANE
NAMUR
PLAMONDON
CÔTE-SAINTE-CATHERINE

ÉDOUARD-MONTPETIT
UNIVERSITÉ-DE-MONTRÉAL

BERRI-UQAM
SAINT-LAURENT
PLACE-DES-ARTS
McGILL
PEEL

BEAUDRY
LONGUEUIL–UNIVERSITÉ-DE-SHERBROOKE
JEAN-DRAPEAU
CHAMP-DE-MARS
PLACE-D'ARMES
SQUARE-VICTORIA-OACI
BONAVENTURE

SNOWDON
VILLA-MARIA
CÔTE-DES-NEIGES
GUY-CONCORDIA
ATWATER
VENDÔME
PLACE-SAINT-HENRI

LUCIEN-L'ALLIER
GEORGES-VANIER

DIRECTION MONT-SAINT-HILAIRE

DIRECTION VAUDREUIL—HUDSON

LIONEL-GROULX
CHARLEVOIX

JOLICOEUR
MONK
VERDUN
DE L'ÉGLISE
LASALLE

ANGRIGNON

DIRECTION CANDIAC

stm

Archives de la Société de Transport de Montréal

Catalogage avant publication de Bibliothèque et Archives nationales du Québec et Bibliothèque et Archives Canada

Barcelo, François, 1941-

Carnets du métro de Montréal

Comprend des références bibliographiques.

ISBN 978-2-924277-91-1

1. Métros - Québec (Province) - Montréal - Histoire. 2. Métros - Québec (Province) - Montréal - Ouvrages illustrés. I. Murphy, Raynald, 1944- . II. Titre.

HE4509.M6B37 2015   388.4'20971428   C2015-940779-6

Conception graphique et réalisation : ARDECOM : Trisha Esteban

Distribution pour le Canada :
Diffusion Dimedia
539, boul. Lebeau
Saint-Laurent (Québec) H4N 1S2

LES HEURES BLEUES
560, rue Mercier
Saint-Lambert (Québec)
J4P 1Z5

Dépôt légal - Bibliothèque et Archives nationales du Québec, 2015

Nous remercions la Société de transport de Montréal pour sa collaboration au cours de la réalisation de cet ouvrage.

Les Heures bleues reçoivent pour leur programme de publication l'aide du Conseil des Arts du Canada et de la Société de développement des entreprises culturelles du Québec (SODEC). Les Heures bleues bénéficient du Programme de crédit d'impôt pour l'édition de livres du Gouvernement du Québec, géré par la SODEC.

Illustrations de Raynald Murphy

Textes de François Barcelo

Carnets du métro de Montréal

Les heures bleues

⊙ CHAMP-DE-MARS

Sur les lignes Orange et Bleue, les rames sont formées de voitures MR-73, aux sièges bleu foncé. Elles ont succédé aux MR-63, aux sièges blancs, encore utilisées sur les lignes Jaune et Verte. Les MR-63 seront graduellement remplacées par les nouvelles voitures Azur.

⊕ PLACE-DES-ARTS

Cette station fut une des vingt
premières du réseau, inauguré en
1966. On en a ouvert six de plus
dans l'année qui a suivi.

Quatre lignes, quatre mains

C'est Raynald Murphy qui a eu l'idée de ces *Carnets du métro*.

Je serai franc : je n'ai pas adhéré tout de suite, même si j'avais déjà créé avec lui des *Carnets de Montréal*, dont je suis fier et auxquels j'ai travaillé avec plaisir.

Pour commencer, la collection des *Carnets* se spécialise dans les paysages bucoliques. Le métro de Montréal n'en regorge pas. Les stations tout au long des quatre lignes ne sont pas toujours d'une beauté spectaculaire. Et un quai de métro n'a, a priori, rien de particulièrement fascinant.

De plus, je savais que Raynald est un fervent partisan de la peinture sur le motif : ses aquarelles, il les peint presque toujours sur place et non de retour dans son studio, à partir d'une photo. Il y avait donc des endroits où il lui serait difficile sinon impossible de travailler. Pour ma part, je me demandais ce que je pourrais dire de ce métro qui n'a pas déjà été dit.

Mais Raynald m'a montré ses premières aquarelles. Et j'ai commencé à avoir des idées et à me poser des questions.

Par exemple, les noms des stations de métro nous sont familiers, de façon presque quotidienne. Mais d'où viennent-ils ? Qui étaient Jarry, Langelier ou Peel ?

Nous nous sommes donc mis à l'œuvre, chacun de son côté. Raynald avec une main tenant le carnet de croquis et l'autre maniant le pinceau. Et moi, tapant à deux index sur le clavier de mon ordinateur, à l'affût d'informations inattendues, de souvenirs plus ou moins anciens, de réflexions quelque peu impertinentes.

Comme le métro de Montréal fête son cinquantième anniversaire en 2016, on peut considérer ce livre comme un hommage affectueux à cet outil de transport qui nous a peut-être, au fil des ans, fait épargner autant de temps que nous en avons mis à créer ce livre.

Voici donc le résultat de nos travaux : un double portrait du métro, en mots et en images. Nous espérons qu'il vous plaira.

Un des premiers passagers

Soit dit sans vouloir me vanter, j'ai été un des tout premiers passagers du métro de Montréal.

Je n'ai pas de mérite, car je travaillais alors pour BCP, l'agence de publicité de la Commission de transport de Montréal (ancêtre de l'actuelle STM, Société de transport de Montréal). Le patron de l'agence, Jacques Bouchard, avait contribué à l'élection de Jean Drapeau à la mairie, le 23 octobre 1966, neuf jours après l'inauguration du métro. Les Montréalais avaient pour leur métro un tel enthousiasme, que Jean Drapeau obtint le score quasi soviétique de 94%. Jacques Bouchard avait créé une campagne axée sur des panneaux-réclame avec le simple message «Dimanche, on vote !», sans signature de parti, puisqu'il était plus important de «faire sortir le vote» que de conseiller pour qui voter.

J'étais rédacteur-concepteur et j'avais été invité, plusieurs mois avant l'inauguration du métro, à le visiter et en faire l'essai. J'ai trouvé l'invention épatante, n'ayant encore jamais utilisé d'autre système souterrain ailleurs dans le monde.

Je n'ai aucun souvenir de ce que j'ai pu concocter comme textes publicitaires, à l'exception d'une campagne à la radio, presque un an plus tard, encourageant le public à utiliser les transports en commun pour visiter l'Exposition universelle de 1967. Cette campagne connut un succès incontestable, puisque le public y serait allé en bus et en métro de toute façon.

Jean Drapeau avait promis à son électorat le plus beau métro du monde. Et on l'a cru — moi le premier. Les stations avaient été conçues par plusieurs de nos meilleurs architectes et ingénieurs et on allait y trouver des œuvres de nos plus grands artistes. De plus, le métro roulait confortablement et plutôt silencieusement, grâce aux roues sur pneumatiques.

Surtout, on avait résisté à la tentation de créer des zones tarifaires. Avec un seul ticket, il était possible d'aller d'un bout à l'autre du réseau, et même de continuer en autobus dans toute l'île de Montréal.

Il y eut bien quelques critiques. Par exemple, dès ma première visite, j'avais constaté qu'il n'y avait pas de latrines. Pour des raisons d'hygiène et d'odeurs, paraît-il, et sans doute aussi d'économie et d'entretien (j'ai pu vérifier, dans les années qui ont suivi, que les métros des autres villes en sont rarement équipés). Surtout — je l'ai découvert avec le métro de Paris —, notre métro ne comptait dans sa première mouture que trois petites lignes et 26 stations. Il ne desservait (et ne dessert encore aujourd'hui) qu'une faible superficie de la métropole du Québec.

J'ai été, par la suite, un usager irrégulier du métro. Les années que j'ai vécu à la campagne, j'avais rarement l'occasion de le prendre.

Par contre, je l'ai utilisé fréquemment lors de mes années montréalaises. Moins souvent l'été, lorsque je lui préférais la marche, le vélo ou même la course à pied.

Maintenant, j'habite dans une maison pour retraités, à côté de la station Henri-Bourassa. Même depuis que j'ai fait la bêtise d'acheter une voiture, je prends le métro régulièrement pour me rendre en ville. Il évite les frais de stationnement et la recherche d'un emplacement. De plus, j'ai droit au tarif réduit des aînés, qui me coûte presque toujours moins cher que l'essence utilisée par ma petite voiture pour le même trajet. Et si je risque de boire quelques verres de vin lors d'un lancement de livre ou d'une soirée chez des amis, je n'hésite pas : le métro a l'énorme avantage qu'on ne me le laisse jamais conduire pour rentrer chez moi.

◉ CHAMP-DE-MARS
Pour l'achat des titres de transport, on a maintenant le choix : un être humain ou une machine.

Un tout petit peu d'histoire

Le premier système de transport public souterrain est l'Underground de Londres, qui date de 1863.

Je m'étonne qu'on ait mis presque cinquante ans pour concevoir les premiers projets de métro pour Montréal (et plus d'un siècle pour en réaliser un), alors que ce genre de transport est particulièrement indiqué dans une ville où il neige deux fois plus qu'à Moscou.

Le premier projet date de 1910. Il fut vite écarté pour céder la place à un deuxième, puis à d'autres encore qui n'ont jamais vu le jour (ce qui, je le reconnais, aurait été bien étonnant d'un train souterrain). Soit qu'il n'y avait pas d'argent, soit que le gouvernement refusait d'approuver. La plupart du temps, le gouvernement refusait d'approuver parce qu'on manquait d'argent.

Par exemple, en 1933, l'architecte L.J.T. Décary proposait que la ville investisse 70 millions de dollars pour donner du travail aux chômeurs en creusant un métro. On préféra aménager le Jardin botanique pour occuper les ouvriers. Je suis incapable de dire si on a eu tort ou raison.

En 1954, Toronto, qui était sur le point de devenir la métropole du Canada, inaugurait son métro et ravivait le débat à Montréal.

Cela n'empêcha pas le premier ministre du Québec, Maurice Duplessis, de déclarer qu'un métro causerait trop de problèmes. «Si vous en construisez un est-ouest, il vous coûtera les yeux de la tête. Et lorsque vous commencerez à le construire, vous bloquerez la circulation. […] Lorsque vous aurez terminé, vous n'aurez rien fait, parce qu'il vous faudra en construire un nord-sud.»

Jean Drapeau se fit élire en octobre 1960, avec son bras droit et président de comité exécutif Lucien Saulnier. Ils avaient promis que la ville de Montréal construirait elle-même son réseau de métro (il y avait des projets privés concurrents). Le moment était bien choisi, puisque Maurice Duplessis était décédé en 1959. Le gouvernement du Québec appuya Montréal.

Ce projet pharaonique (il me semble que l'adjectif convient bien pour les projets de ce maire, qui en eut plus d'un) exigea des prises de décisions délicates. On hésitait entre deux modèles: Toronto et Paris. Montréal fut courtisé par Paris et Michelin. À l'encontre de Toronto, on finit par choisir un métro sur pneumatiques (capable de gravir des pentes plus inclinées) et à petit gabarit (des voitures plus étroites se contentent d'un seul tunnel pour les deux voies, sans colonnes centrales).

Aujourd'hui, on peut se quereller sur ces choix, mais je ne vais pas vous ennuyer avec ça puisqu'il est trop tard pour y

⊛ CHAMP-DE-MARS

Il n'y a pas de monument au maire Jean Drapeau dans le métro ni même tout près. Celui-ci, œuvre d'Annick Bourgeau, est en face de l'hôtel de ville, à plusieurs centaines de mètres de la station la plus proche. Jean Drapeau, qui en fut un des principaux initiateurs, mériterait-il plus?

changer quelque chose. Une entreprise chinoise a même échoué, il y a peu d'années, dans sa tentative de convaincre les tribunaux de nous faire adopter des voitures sur roues d'acier.

Je ne vous embêterai pas non plus avec le coût total de ce premier réseau de métro, qui comptait 26 stations et 25 kilomètres (il en a maintenant 68 et 71). Vous le trouveriez ridiculement bas ou, au contraire, absurdement élevé pour l'époque.

Je regrette de ne pas pouvoir rendre hommage nommément à tous les concepteurs et bâtisseurs, ingénieurs et architectes, patrons et simples ouvriers, sans compter les artistes, qui ont mené ce projet à terme. La liste serait trop longue.

Je mentionnerai seulement le nom de Jacques Guillon et associés. Ce studio de design fut l'auteur du logo du métro, cette flèche dans un cercle qui pointe généralement vers le bas, mais peut être tournée vers la droite ou la gauche quand c'est utile. Ce logo n'a pas vieilli d'une ride en cinquante ans et je suis prêt à parier une fortune qu'on le verra encore dans cinquante ans. Pari d'autant plus facile à tenir que je ne serai pas là pour payer si je perds.

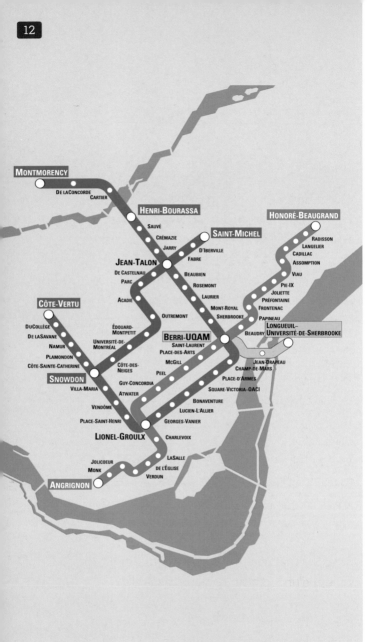

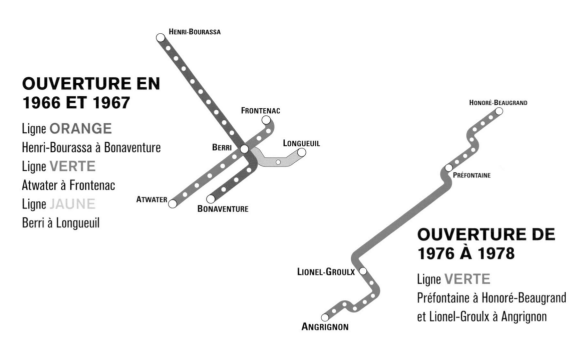

OUVERTURE EN 1966 ET 1967

Ligne **ORANGE**
Henri-Bourassa à Bonaventure
Ligne **VERTE**
Atwater à Frontenac
Ligne **JAUNE**
Berri à Longueuil

OUVERTURE DE 1976 À 1978

Ligne **VERTE**
Préfontaine à Honoré-Beaugrand
et Lionel-Groulx à Angrignon

OUVERTURE DE 1980 À 1986

Ligne **ORANGE**
Lucien-L'Allier à Côte-Vertu

OUVERTURE DE 1986 À 1988

Ligne **BLEUE**
Saint-Michel à Snowdon

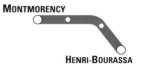

OUVERTURE EN 2007

Ligne **ORANGE**
Henri-Bourassa à Montmorency

Qui se cache derrière ces noms?

Le métro de Montréal s'appelle métro pour la simple raison que le premier train souterrain dans un pays de langue française fut celui de la métropole de la France, qu'on nomma métropolitain. Montréal était encore — et probablement pour toujours — la métropole du Québec et le nom lui convenait parfaitement.

Nos quatre lignes de métro ont chacune leur nom: des couleurs, ce qui en facilite l'identification sur les plans et les panneaux de signalisation. On leur a donné des numéros — de 1 à 5 — que le public a rapidement oubliés. D'autant plus que la ligne numéro 3 (qui devait passer dans le tunnel sous le mont Royal) a été abandonnée et ne sert qu'aux trains de banlieue.

Nos stations de métro ont elles aussi chacune un nom et derrière ces noms se cachent des histoires pas toujours évidentes.

En général, on ne s'est pas trop cassé la tête, si vous voulez mon avis: la plupart des stations doivent leur nom à une artère voisine — rue, avenue ou boulevard (généralement perpendiculaire à la voie du métro). Ou encore à un parc, une place ou une maison d'enseignement à proximité. Les noms originaux sont donc rares.

Mais il y a des exceptions. Trois des stations ont pris le nom d'un individu qu'on ne retrouvait auparavant nulle part ailleurs. Jean-Drapeau, bien sûr, puisqu'il fut l'un des initiateurs du métro dès 1960 («sa» station fut d'abord baptisée «Île-Sainte-Hélène»). Lucien-L'Allier, pour celui qui en fut le maître d'œuvre (on l'a surnommé «le père du métro»). Et Lionel-Groulx, chanoine et historien, que Jean Drapeau admirait.

Il faut reconnaître que donner à une station de métro le nom d'un lieu à proximité aidait les premiers usagers à la situer plus aisément.

Dans plusieurs cas, ces noms de lieux n'étaient, jusque-là, rien d'autre que des noms de lieux: Champ-de-Mars, Place-d'Armes, de la Savane, Parc, Mont-Royal, Place-des-Arts, de l'Église.

Mais, ceux-là mis à part, la majorité des lieux avaient d'abord eux-mêmes reçu le nom d'un individu ou d'une institution.

Je me suis amusé à chercher des tendances dans la toponymie retenue pour les stations de métro et le résultat est parfois étonnant, mais pas toujours.

Tandis que les toponymes québécois abondent en noms de saints et de saintes, seules quatre de nos stations de métro ont un nom qui commence par «saint» ou «sainte». On pourrait ajouter Montmorency, puisqu'il s'agit de saint François de Laval, canonisé récemment. Et on peut compléter par deux allusions à la Sainte Vierge (Villa-Maria et Assomption), ce qui n'est pas excessif pour une ville qui s'est d'abord appelée Ville-Marie.

On compte aussi plusieurs ecclésiastiques de divers niveaux et qualités : au moins un pape, deux archevêques, un chanoine, un jésuite, un curé.

Si on ajoute encore Bonaventure (qui fut saint lui aussi), Côte-Vertu (dérivé de Notre-Dame-de-la-Vertu) et de l'Église, on obtient un total de 16 noms d'origine religieuse. Tous catholiques, ou à tout le moins chrétiens. 16 sur 68 : on est loin de la séparation de l'église et du métro.

Il n'empêche que les hommes politiques dominent la toponymie encore plus que les religieux. Si vous espérez qu'on donne un jour votre nom à une station de métro, je ne saurais trop vous conseiller de vous faire élire quelque part, même au simple niveau municipal. C'est probablement plus facile, plus rapide et plus rémunérateur que d'essayer de vous faire canoniser.

Qu'ils aient été maire, échevin, conseiller municipal, intendant, gouverneur, lieutenant-gouverneur, gouverneur général du Canada ou de la Nouvelle-France, administrateur du Bas-Canada, père de la Confédération, gouverneur en chef de l'Amérique du Nord britannique, fondateur de ville ou d'État, ils sont 21.

Plusieurs propriétaires fonciers des siècles passés ont, sans jamais s'en douter, laissé en héritage leur nom à des stations de métro après qu'on l'eut donné à leurs terres ou à des voies qui les traversaient. J'en ai repéré sept. Ce sont en général les noms de stations dont il est le plus difficile de deviner l'origine.

Les hommes de lettres — romanciers, poètes, journalistes ou fondateurs de journaux — sont plus nombreux que je m'y serais attendu. Mais pas au point que je ne puisse tous les nommer : Henri Bourassa, Octave Crémazie, Lionel Groulx et surtout Honoré Beaugrand, un des personnages les plus exceptionnels de l'histoire de Montréal. Il combattit dans l'armée française contre les rebelles mexicains, fonda des journaux à Boston, Ottawa et Montréal, écrivit un roman, des récits et des contes et fut maire de Montréal, de 1885 à 1887.

Des explorateurs ont donné leur nom à quelques stations : D'Iberville, Radisson, LaSalle, Charlevoix, Cadillac. Joliette ne rend pas, comme je l'avais longtemps cru, hommage à Louis Joliet, découvreur du Mississippi, mais à Barthélémy Joliette, fondateur d'une ville qu'il avait d'abord, humblement, baptisée L'Industrie. (Il y a aussi une station Joliette dans le métro de Marseille, mais le nom de celle-là serait dérivé de celui de Jules César.)

Cinq femmes seulement sont au répertoire, si on additionne Victoria, Maria, sainte Catherine, Assomption (de la vierge Marie) et Rosemont (cette ancienne municipalité doit la moitié de son nom à Rose Phillips, la mère de son fondateur). C'est moins que les anglophones, qui ont eu droit, si on peut dire, à sept stations (je compte pour une demie chacune les stations Square-Victoria—OACI et Longueuil—Université-de-Sherbrooke). Pourtant, il y a sur l'île de Montréal plus de 50 % de femmes et moins de 15 % d'anglophones. Pire encore : aucune station ne laisse deviner la présence des allophones et des autochtones dans notre ville. Peut-être devrait-on décréter un moratoire sur les noms masculins et français pour nos futures stations de métro.

Des personnages historiques d'autres pays ont enrichi notre toponymie sans jamais être venus chez nous. On songe au général De Castelnau, qui a défendu la ville de Nancy en 1914. Et à Sir Robert Peel, qui a créé la police de Londres, ce qui valut à ses agents le surnom de «bobbies». Les maisons d'enseignement ont donné leur nom à sept stations. Cela comprend cinq universités, alors que Montréal n'en compte que quatre.

Il y a quelques professions dont je ne trouve qu'un représentant dans notre réseau de métro : cultivateur, philosophe, économiste, ingénieur. Il y a aussi soit un seul peintre, soit un seul artiste lyrique, selon qu'on attribue le nom de la station Plamondon à Antoine ou à Rodolphe.

Étonnamment, on ne trouve dans la toponymie du métro de Montréal aucune vedette de la chanson, du sport, de la scène, du cinéma ou de la télévision.

Six des noms de nos stations contiennent le mot «mont», trois les mots «côte» ou «place», deux le prénom Jean et deux le nom Sherbrooke.

Je constate aussi qu'un seul souverain, toutes nations confondues, a mérité une station à son nom : la reine Victoria. Sans plus attendre, voici les stations de métro dont l'aspect et les origines nous ont le plus inspirés.

ACADIE

En 1955, pour commémorer le bicentenaire de la déportation des Acadiens, on a appelé L'Acadie un boulevard du nord de l'île de Montréal. En 1988, la station Acadie s'ouvrait sur ce boulevard.

ANGRIGNON

J.-B. Arthur Angrignon, homme d'affaires
prospère, fut conseiller municipal de 1921
à 1934, et membre du comité exécutif de
Montréal. On donna son nom au grand
parc où est située la station de métro.

RAYNALD MURPHY
SCA

ASSOMPTIO

ASSOMPTION

Le dogme de l'Assomption, promulgué
par le pape Pie XII en 1950, oblige les
catholiques à croire que la vierge Marie
est montée au ciel sans connaître la
corruption physique qui suit la mort des
êtres humains. On a donné le nom de ce
rarissime phénomène à un boulevard, puis
à une station de métro. (À l'arrière-plan :
les tours du Village olympique qui logea
les athlètes en 1976.)

BEAUDRY

C'est Pierre Beaudry qui ouvrit lui-même
vers 1843 cette voie qui traversait la terre
où il vivait avec sa famille.

⬇ BONAVENTURE

Le nom a été hérité de l'ancienne gare Bonaventure. Et il rappellerait Giovanni da Fidanza (1221-1274), qui prit le nom de Bonaventure en entrant dans les ordres. Il fut évêque, cardinal et Docteur de l'Église. Il devint saint Bonaventure lors de sa canonisation, en 1482.

⚐ CADILLAC

On rend ici hommage à Antoine Laumet dit de Lamothe
Cadillac (1658-1730), fondateur de la colonie de Détroit, ce qui
lui valut, longtemps après son décès, d'être associé à la plus
prestigieuse des automobiles américaines.

⊙ CARTIER

Cette station de Laval ne rend pas hommage à Jacques Cartier, qu'on dit découvreur du Canada, mais n'est jamais venu à Laval. On rappelle plutôt Sir George-Étienne Cartier, un des pères de la Confédération. On peut supposer qu'il est venu à Laval, à l'époque où cette île s'appelait île Jésus.

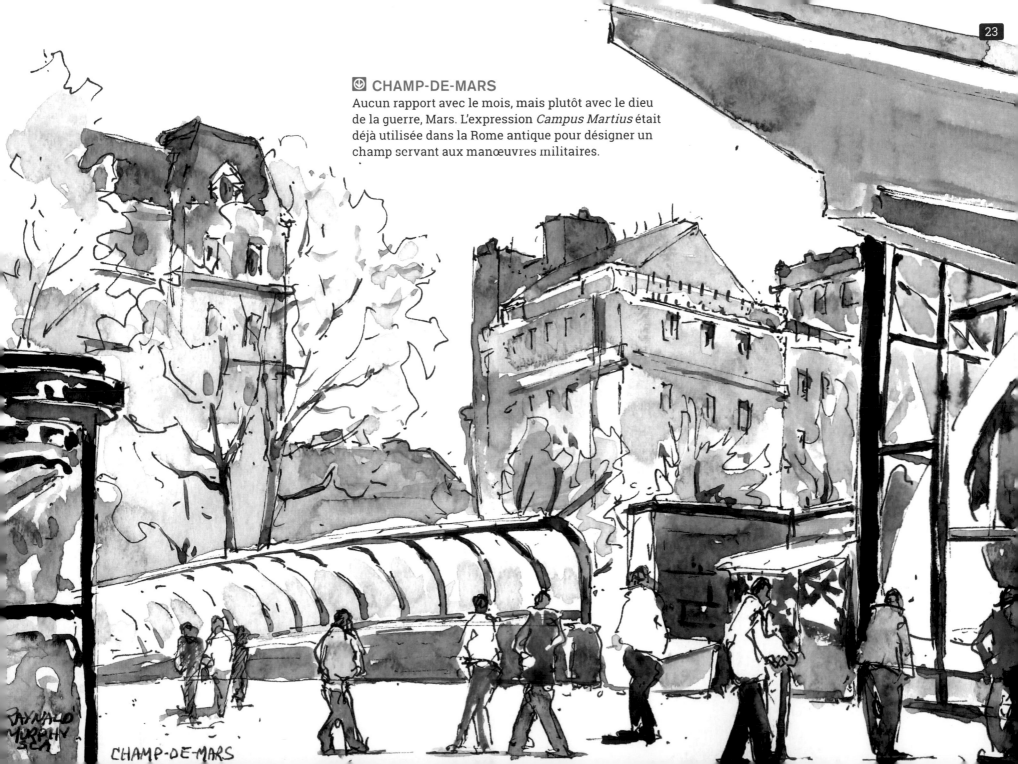

⊘ CHAMP-DE-MARS

Aucun rapport avec le mois, mais plutôt avec le dieu de la guerre, Mars. L'expression *Campus Martius* était déjà utilisée dans la Rome antique pour désigner un champ servant aux manœuvres militaires.

CHAMP-DE-MARS

⊕ CÔTE-VERTU

Ce nom intrigant vient du boulevard de la Côte-Vertu, qui daterait du début du XVIIIᵉ siècle et se serait d'abord appelé Notre-Dame-de-la-Vertu ou quelque chose s'approchant. Il a été donné au terminus nord-ouest de la ligne Orange.

CÔTE - VERT

CRÉMAZIE

Octave Crémazie, poète patriotique, écrivit les paroles du *Drapeau de Carillon*. Des revers de fortune le forcèrent à s'exiler à Paris, pour éviter la prison. Né à Québec en 1827, il est décédé au Havre en 1879. (On voit ici la sortie Crémazie Nord, dans l'édifice Louis-Laberge de la Fédération des travailleurs du Québec.)

⊙ DE CASTELNAU

Le général français Édouard de Curières de Castelnau a défendu avec succès la ville de Nancy contre l'armée allemande, à l'automne 1914. Avant même la fin de l'année, on donnait son nom à une rue de Montréal. Mais il fallut 72 ans de plus pour qu'on le transfère à une station de métro.

RAYNALD MURPHY SCA

DE CASTELNAU

D'IBERVILLE
Pierre Le Moyne, sieur d'Iberville (1661-1706),
fut un des grands héros de la Nouvelle-France
et le fondateur de la Louisiane.

RAYNALD MURPHY SCA

D'IBERVILLE

ÉDOUARD-MONTPETIT

Économiste à une époque où nous n'en avions pas beaucoup, Édouard Montpetit fonda en 1920 l'École des sciences sociales, économiques et politiques de l'Université de Montréal. La station qui porte son nom est un des accès à cette université, et en particulier au CEPSUM où joue l'équipe de football Les Carabins.

RAYNALD MURPHY SCA

ÉDOUARD-MONTPETIT

FABRE

À la mémoire d'Édouard-Charles Fabre, troisième
évêque et premier archevêque de Montréal.

JARRY

Le parc Jarry rappelle Raoul Jarry, conseiller municipal. Mais la station de métro honore plutôt un dénommé Bleignier dit Jarry, propriétaire de la terre que la rue Jarry traversait.

JEAN-TALON

Il reçut de Louis XIV la charge d'intendant pour le Canada, l'Acadie et Terre-Neuve. Il était le deuxième à recevoir ce titre, mais le premier à se donner la peine de venir en Nouvelle-France. Les Québécois ont pour lui une affection toute spéciale : il a créé notre première brasserie commerciale.

JOLICŒUR

Après avoir été curé en Alberta, Joseph Moïse Jolicœur devint en 1906 curé de la paroisse Notre-Dame-du-Perpétuel-Secours et on donna éventuellement son nom à la rue Jolicœur, future voisine de la station de métro.

JOLIETTE

Barthélémy Joliette fonda au milieu des années 1820 le village de L'Industrie, devenu, treize ans après son décès, la ville de Joliette.

LANGELIER

Peu de gens savent que Sir François-Charles-Stanislas Langelier
fut député et ministre, maire de Québec, juge en chef du Québec,
puis lieutenant-gouverneur de la province de Québec, de 1911
jusqu'à son décès, en 1915.

⊙ LIONEL-GROULX

Lionel Groulx, fondateur en 1946 de l'Institut d'histoire de l'Amérique française, fut prêtre et chanoine, historien et champion du nationalisme canadien-français.

⊙ LONGUEUIL–UNIVERSITÉ-DE-SHERBROOKE

En 1657, Charles Le Moyne aurait adopté le nom de Longueuil pour sa seigneurie parce que les parents de sa mère étaient originaires du village de Longueil, en Normandie («longueil» signifiant soit «long village», soit «clairière où l'on fabrique des navires»). On a ajouté «Université-de-Sherbrooke», lorsque celle-ci a établi un campus dans un grand immeuble à côté de la station, avec le pont Jacques-Cartier en arrière-plan.

⊕ LUCIEN-L'ALLIER

Il fut ingénieur en chef du réseau initial du métro de Montréal et président de la Commission de transport de Montréal, de 1964 à 1974. On a donné son nom à une station de métro et à une gare de trains de banlieue toute proche. L'immense bouteille de lait sans lait trône depuis 1930 sur un édifice en face de la station.

⊙ MONK

Les Monk furent une famille de magistrats et d'hommes politiques. Un de ses membres les plus illustres fut Sir James Monk, administrateur du Bas-Canada en 1819.

☺ MONTMORENCY ·

Doit son nom au collège Montmorency, en souvenir de François-Xavier de Montmorency-Laval de Montigny, premier évêque de Québec et jadis seigneur de l'île Jésus. Il a été canonisé en 2014.

MONTMORENCY

⊙ OUTREMONT

Le joli édicule de cette station est situé dans la ville d'Outremont, devenue en 2002 arrondissement de la ville de Montréal. Pour se rendre à la campagne, à l'époque de Ville-Marie, il fallait contourner le mont Royal, et donc passer «outre le mont».

RAYNALD MURPHY SCA

OUTREMONT

ⓜ PAPINEAU

À l'ombre du pont Jacques-Cartier, cette station doit son nom à la rue Papineau baptisée ainsi dès 1810 en hommage à Joseph Papineau, seigneur de Montebello et père de Louis-Joseph, célèbre patriote. En 1838, pour dénoncer le rôle du fils dans la rébellion, on a changé le nom de la rue pour chemin Victoria. On est revenu au nom d'origine dès 1844.

PAPINEAU

RAYNALD MURPHY

PARC

La monumentale gare Jean-Talon, construite en 1931, n'a pas perdu sa fière allure en s'adjoignant une station de métro. Celle-ci est au nord de l'avenue du Parc, qui longe le parc du Mont-Royal. Rebaptisée Parc, la gare sert toujours de terminus pour des trains de banlieue.

⊙ PIE-IX

C'est sous le règne de Pie IX et à l'instigation de Mgr Bourget, évêque de Montréal, que des troupes de zouaves montréalais sont parties défendre la papauté, de 1868 à 1870.

RAYNALD MURPHY

44

PLACE-SAINT-HENRI

Ce secteur s'est appelé Les Tanneries jusqu'en 1810,
lorsqu'on y a construit la première chapelle, placée
sous la protection de saint Henri.

PLAMONDON

La rue Plamondon et la station de métro du même nom posent une énigme toponymique : on ignore si elles rappellent la mémoire du peintre Antoine Plamondon (1804-1895) ou celle de l'artiste lyrique Rodolphe Plamondon (1875-1940). À moins que ce ne soient les deux, tout simplement.

RAYNALO MURPHY SÉA
PLAMONDON

🙂 PRÉFONTAINE

L'avocat Raymond-Fournier Préfontaine fut maire de Montréal de 1898 à 1902. Son nom serait moins familier si on n'avait pas changé le nom de cette station, qui devait à l'origine s'appeler Moreau.

☺ ROSEMONT

Avant d'être annexé par la ville de Montréal en 1910, Rosemont fut un village, fondé par Ucal-Henri Dandurand. La mère de celui-ci s'appelait Rose Phillips. Pour «Rose», on comprend. Le suffixe «mont» est plus énigmatique, les montagnes étant rarissimes à Rosemont. (À l'arrière-plan, on voit de nouveaux appartements en copropriété, de plus en plus nombreux autour des stations de métro.)

RAYNALD MURPHY SCA

ROSEMONT

SAINT-LAURENT

Jacques Cartier lui-même a choisi — sans s'en douter —
le nom de cette station de métro. Le 10 août 1535 étant la fête
de saint Laurent, il appela « Saint-Laurent » l'embouchure du
fleuve qu'il croyait être une simple baie. On donna ensuite
ce nom au fleuve, puis à un village au centre de l'île et enfin
au chemin qui reliait Montréal à ce village et
qui divise la ville entre l'est et l'ouest.

⊙ SAUVÉ

La rue Sauvé rappelle le nom d'un ancien propriétaire terrien du quartier Ahuntsic, où cette voie est située. La station se trouve entre deux cimetières juifs, plutôt inattendus dans ce quartier, qui était encore un coin de campagne, il n'y a pas si longtemps.

RAYNALD MURPHY
SAUVÉ

⊕ SHERBROOKE

Sir John Coape Sherbrooke fut gouverneur en chef de l'Amérique du Nord britannique, de 1816 à 1818. Tout près de la station qui porte son nom, ce joli kiosque fut à l'origine une «camillienne», déménagée depuis le square Viger. (Les «camilliennes» doivent leur nom, calqué sur les «vespasiennes» de l'empereur Vespasien, au maire Camillien Houde, qui fit construire des toilettes publiques pour créer du travail pendant la Grande Dépression.)

SHERBROOKE

RAYNALD MURPHYSCA

⊕ SQUARE-VICTORIA–OACI

Récupérée du métro de Paris, cette entrée de style Art déco est un cadeau que nous fit en 1967 la Régie autonome des transports parisiens. Le square fut nommé en l'honneur de la reine Victoria lors de la visite de son fils, le futur Édouard VII, en 1860. L'appellation OACI (Organisation de l'aviation civile internationale) a été ajoutée en 2014, pour célébrer les soixante-dix ans de cet organisme dont le siège social est à Montréal.

MÉTROPOLITAIN

05/05/2015
KAYNA MURPHY
SCA

VENDOME

⊖ VENDÔME

D'après la ville de Montréal, cette station doit son nom à l'avenue de Vendôme, qui rappellerait les ducs de Vendôme, personnages importants de l'histoire de France. Aucun de ceux-ci, à notre connaissance, n'est venu à Montréal.

⊖ VERDUN

Ce monument près de la station Verdun pourrait faire croire que le nom de cet arrondissement rend hommage aux combattants de la Première Guerre mondiale. Il serait plutôt inspiré du village natal (Saverdun) de Zacharie Dupuis, qui remplaçait parfois Paul Chomedey de Maisonneuve à titre de gouverneur quand celui-ci rentrait en France. Les Sulpiciens, propriétaires de l'île de Montréal, lui concédèrent un vaste territoire qui fait maintenant partie de Verdun.

VIAU

Le boulanger Charles-Théodore Viau fonda la biscuiterie Viau, qui créa les toujours fameux biscuits au chocolat Whippet. (L'aréna Maurice-Richard, qu'on voit à l'arrière-plan, rend hommage au seul sportif québécois à avoir été, sans le demander, à l'origine d'une émeute.)

🔽 VILLA-MARIA

Fondé en 1854 par les sœurs de la Congrégation de
Notre-Dame, le collège Villa Maria est resté fidèle à
sa vocation première : l'éducation des jeunes filles,
en français et en anglais (ce qui explique sans doute
qu'on lui ait choisi un nom latin).

RAYNALD MURPHY SCA

VILLA-MARIA

⊙ HENRI-BOURASSA

Les trois sorties de la station Henri-Bourassa s'ouvrent sur le boulevard du même nom. Celle-ci, du côté sud entre les rues Lajeunesse et Saint-Hubert, donne aussi accès à un terminus d'autobus très fréquenté, même les lendemains de tempête de neige.

Ma station de métro préférée

Je n'ai pas eu à chercher bien loin pour la trouver. Comme par hasard, c'est la plus proche de chez moi : Henri-Bourassa. Mais la proximité n'est pas son seul avantage.

Elle est sur la ligne Orange, qui dessert beaucoup de lieux que je fréquente : le marché Jean-Talon (près de la station Jean-Talon), la Maison des écrivains (Sherbrooke), la Bibliothèque nationale (Berri-UQAM), le Salon du livre (Bonaventure), l'aéroport de Dorval (Lionel-Groulx, d'où part l'autobus 747). Et la ligne Orange est la seule qui soit reliée aux trois autres : Bleue, Jaune et Verte.

De plus, Henri-Bourassa est une plaque tournante pour les autobus. De ses deux terminus, il en part dans toutes les directions — y compris Laval, Terrebonne et d'autres banlieues.

C'est aussi une des rares stations équipées d'ascenseurs, ce que j'apprécie énormément lorsque je dois aller prendre l'avion avec ma lourde valise (il y a aussi des ascenseurs à Lionel-Groulx).

Mais Henri-Bourassa se distingue surtout par un avantage rare. Le matin, à l'heure de pointe, en direction du centre-ville, une rame sur deux arrive de Laval chargée à bloc, alors que la rame suivante part d'Henri-Bourassa, totalement vide. Si le premier train en gare est déjà plein, je n'ai qu'à attendre le suivant. Il y a même des gens qui arrivent dans un train bondé et descendent à Henri-Bourassa pour repartir confortablement assis, trois minutes plus tard.

Ajoutons qu'Henri-Bourassa était un intellectuel de haut niveau, fondateur du journal *Le Devoir*, écrivain, homme politique et polémiste. Au collège, il y a une soixantaine d'années, on nous a fait étudier en classe de rhétorique son célèbre discours de Notre-Dame, réponse à un évêque irlandais qui avait eu le culot de venir nous dire que nous devrions parler anglais pour être de bons catholiques.

Je devais être un cancre, puisque j'ai appris l'anglais et délaissé depuis longtemps la religion de mon enfance.

⊕ DE LA SAVANE

Quelle station de métro me plaît le moins ? Je suis tenté de répondre «de la Savane». Son intérieur ne manque pas de charme, mais elle a été construite dans un environnement qui en est absolument dépourvu. D'un côté, pas moins de quinze (oui, 15 !) voies d'autoroute. Des autres côtés, des bâtiments d'une remarquable banalité.

Destinations

Dans une autre vie, lorsque je travaillais en publicité, on m'a appris que, pour faire la réclame d'une ligne aérienne, il ne faut pas vendre des avions, mais des destinations. Les gens sont plus intéressés par l'endroit où ils vont passer des vacances trop courtes que par l'aéronef qui les transportera pendant des heures trop longues.

Il en va de même du métro. Plus encore, je dirais, puisque le métro souterrain le plus agréable du monde n'offre guère une randonnée jouissive. Dans le tunnel, l'absence de vue par les fenêtres rend le trajet, au mieux, rapide et utile; sauf bien entendu si on partage une conversation en bonne compagnie ou si d'autres passagers offrent, volontairement ou non, un rare spectacle réjouissant.

Parlons donc des destinations préférées des usagers du métro.

La plus populaire, sans aucun doute: chez soi. Il n'est pas besoin de savantes enquêtes pour présumer que tout passager ou passagère prend le métro pour rentrer à la maison presque la moitié du temps.

Dans l'autre direction, il y a plus de variété. Se rendre au travail, si je peux me permettre d'inventer des statistiques, constitue probablement plus de la moitié des trajets à partir du domicile. Se rendre aux études n'est sans doute pas tellement loin derrière. Et les autres parcours nous amènent à des activités diverses: cinéma, théâtre, concerts, événements sportifs, festivals, restaurants, bars, magasins, hôpitaux, visites chez des amis.

Je me permets de vous proposer, dans les pages qui suivent, quelques-unes des destinations qui pourraient vous attirer, à l'exception de votre résidence et de votre lieu de travail. Vous en connaissez probablement déjà plusieurs, et le métro est le moyen idéal d'y retourner. Quant à celles que vous n'avez pas encore découvertes, le métro, encore une fois, n'a pas son égal comme moyen de transport.

J'ai choisi des destinations à proximité d'une station de métro. Il est évident que si vous acceptez de marcher longtemps ou de prendre l'autobus, le train et même l'avion, le métro peut vous emmener n'importe où à Montréal et dans le reste du monde.

Le haut savoir

À Montréal, toutes les universités sont à quelques pas du métro. À commencer, bien entendu, par l'Université de Montréal, près de la station qui porte son nom. L'Université Concordia jouxte la station Guy-Concordia, et l'Université McGill est près de sa station éponyme. Il en va de même pour l'Université du Québec à Montréal et de Berri-UQAM. L'Université de Sherbrooke, qui a installé un campus à Longueuil, a eu le privilège de voir son nom entier ajouté à celui de la station.

UNIVERSITÉ-DE-MONTRÉAL
La tour de l'Université de Montréal, créée par l'architecte Ernest Cormier, vue de la station de métro qui porte le nom de la plus montréalaise (du moins par le nom) de nos universités.

Raynald Murphy

⊖ BERRI-UQAM

Entourée de presque tous les côtés par l'Université du Québec à Montréal et la station de métro qui porte ses initiales, la chapelle Notre-Dame-de-Lourdes a été créée par le peintre et architecte Napoléon Bourassa, père d'Henri.

⊖ GUY-CONCORDIA

En face d'une des sorties de la station Guy-Concordia, on peut voir le monument du docteur Norman Bethune (avec des bâtiments de l'Université Concordia en arrière-plan). Décédé en 1939, ce médecin a œuvré à Montréal, en Espagne et en Chine, aux côtés de Mao Zedong à l'époque où on l'appelait Mao Tsé-Toung. Sa statue est d'ailleurs un cadeau de la République populaire de Chine.

McGILL

Le portail Roddick, porte d'entrée de l'Université McGill, est à deux cents mètres de la station McGill.

McGILL

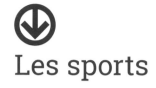

Les sports

À certaines heures de certains jours, les sportifs et amateurs de sport sont la majorité dans les voitures du métro. Ils peuvent se rendre au Centre Bell (hockey et spectacles divers, stations Bonaventure et Lucien-L'Allier), au stade Saputo (soccer, station Viau) et au Stade olympique (concerts et manifestations sportives diverses, station Pie-IX), ou encore au point de départ du marathon de Montréal (souvent par la station Jean-Drapeau). L'aréna Maurice-Richard (courses de patin, patinage familial, spectacles) est plus près de la station Viau. L'île Sainte-Hélène et sa jumelle Notre-Dame accueillent (par la station Jean-Drapeau) les amateurs de course automobile et de sports nautiques. Seuls les partisans des Alouettes de Montréal doivent affronter une longue marche pour atteindre le stade Percival-Molson, à moins de prendre la navette que l'équipe met à leur disposition, à partir de la station McGill.

⊕ LUCIEN-L'ALLIER

La station de métro Lucien-L'Allier et la gare du même nom donnent accès au Centre Bell, domicile des Canadiens de Montréal. Une place aujourd'hui disparue présentait des statues de bronze de nos grandes vedettes du hockey (au premier plan : Maurice Richard).

⊘ JEAN-DRAPEAU

Prendre le métro pour aller à la pêche ? C'est possible, à Montréal : rendez-vous à la station Jean-Drapeau, puis traversez au parc de la Cité-du-Havre par le pont de la Concorde.

Raynald Murphy SCA
09/02/2015
HILTON MONTREAL BONAVENTURE

BONAVENTURE

Le dernier étage de l'hôtel au sommet de la Place Bonaventure est doté d'une piscine où on peut nager même en hiver.

LE STADE OLYMPIQUE

⊙ PIE-IX

Le Stade olympique est moins utilisé depuis le départ
des Expos de Montréal. Il a connu ses plus grandes
heures de gloire lors des Jeux olympiques de 1976.

La culture

Il est impossible de dresser la liste complète des cinémas, bibliothèques, musées, théâtres et salles de concert où le métro peut vous emmener. En voici quand même quelques-uns.

PLACE-DES-ARTS

Peu de stations de métro, où que ce soit dans le monde, méritent autant leur nom que celle-ci, qui donne bien entendu accès à la Place des Arts et ses nombreuses salles, mais aussi au Musée d'art contemporain de Montréal, à la Maison symphonique et à la place des festivals, où sont présentés les spectacles extérieurs, généralement gratuits, du Festival international de jazz, de Juste pour rire, des FrancoFolies et de bien d'autres événements.

CHAMP-DE-MARS
Le site du Vieux-Port attire les foules, surtout lorsque
le Cirque du Soleil s'y installe.

⊕ BONAVENTURE

C'est à la Place Bonaventure qu'est présenté, en novembre de chaque année, le Salon du livre de Montréal, fréquenté par plus de cent mille personnes passionnées de lecture, d'écriture ou d'édition.

SALON DU LIVRE 2014

PLACE-DES-ARTS
Sur la place des Festivals,
on n'a que l'embarras du choix
de concerts quand débute le
Festival international de jazz.

Lieux de culte

Ce ne sont pas les églises qui manquent, à Montréal. L'humoriste Mark Twain prétendait qu'il était impossible d'y lancer une pierre sans briser un vitrail. Beaucoup d'églises et de temples sont maintenant abandonnés ou transformés en appartements. Il n'en demeure pas moins que le métro vous amènera à quelques pas d'un grand nombre de ces lieux.

◉ PLACE-D'ARMES

Sur cette place où s'exerçaient jadis les soldats de la Nouvelle-France est érigé le monument de Paul Chomedey de Maisonneuve, fondateur de Montréal. Il fait face à la basilique Notre-Dame, un des lieux les plus fréquentés par les touristes.

MONT-ROYAL

Sur l'avenue du Mont-Royal, on peut admirer le sanctuaire du Saint-Sacrement, où se célèbre encore la messe du dimanche.

⏱ CÔTE-SAINTE-CATHERINE

En sortant de la station, vous n'avez que quelques pas à faire pour admirer l'oratoire Saint-Joseph. Et encore quelques centaines de pas pour aller le visiter.

⊙ McGILL

Il n'y a pas que des églises catholiques à Montréal. À preuve : la cathédrale Christ Church, église anglicane dont la construction a été terminée en 1859.

UNION
+
STE CATHERINE

Raynald
Morphy
SCA
22/08/2014.

LIONEL-GROULX
L'église Saint-Irénée est devenue celle de la paroisse Saint-Paul et de la communauté latine catholique.

⊙ BONAVENTURE

À gauche, à quelques pas de la station Bonaventure :
le dôme de la cathédrale de Montréal, Marie-Reine-du-Monde,
inspirée de Saint-Pierre de Rome. Au premier plan, à droite :
l'église anglicane Saint George.

⊙ PLACE-DES-ARTS

L'église anglicane Saint John The Evangelist est
mieux connue comme «l'église au toit rouge» par
les catholiques francophones.

Ontario + St Urbain

12/07/2012

Raymond Murphy
SCA

BEAUBIEN
L'église Saint-Édouard,
à l'intersection des rues
Saint-Vallier et Beaubien,
accueille la Communauté
chrétienne catholique
de la Petite-Patrie.

⊕ DU COLLÈGE

Au bout de la rue qui a donné son nom à la station, se dressent plusieurs bâtiments construits par les Clercs de Sainte-Croix, dont le collège Saint-Laurent devenu cégep, et une jolie chapelle, transformée en Musée des maitres et artisans du Québec.

Le commerce

Les boutiques et commerces des rues Sainte-Catherine, Sherbrooke et Saint-Denis sont pour la plupart situés près d'une station de métro des lignes Verte et Orange. Vous trouverez aussi très souvent, à quelques pas des stations de métro, des commerces de proximité qui se sont installés là en flairant la bonne affaire : pharmacies, dépanneurs, fruiteries, bars et restaurants.

JEAN-TALON

Ouvert en 1933, le marché Jean-Talon, au cœur de la Petite Italie, est le marché à ciel ouvert le plus important en Amérique du Nord, d'après la ville de Montréal.

PLACE-DES-ARTS

Le complexe Desjardins, entre les stations Place-des-Arts et Place-d'Armes, est un édifice commercial imposant, qui témoigne de l'importance du mouvement coopératif Desjardins.

COMPLEXE DESJARDINS

RAYNALD MURPHY SCA
LE COMPLEXE DESJARDINS

PLACE-D'ARMES
La station est située sous le Palais des congrès de Montréal, dont les parois extérieures vitrées sont hautes en couleur.

LIONEL-GROULX
À l'entrée de la plupart des stations de métro, on trouve des petits commerces où se procurer café et journal. Plus rarement, on voit, comme ici, des commerces ouverts directement sur les quais.

LIONEL-GROULX

⊘ LAURIER

Sur la rue Saint-Denis, à quelques pas de la station Laurier, se dresse ce restaurant qui rappelle les casse-croûtes d'autrefois.

LAURIER

RAYNALD MURPHY

⊕ NAMUR

L'immense sphère du restaurant Gibeau Jus d'orange (12 m de diamètre) datait de 1945. Quand on a transformé le boulevard Décarie en autoroute, bien avant l'ouverture de la station Namur, il a fallu la reconstruire un peu plus loin.

YNALD MURPHY
SCA

CÔTE-DES-NEIGE

Ⓖ CÔTE-DES-NEIGES

Pendant la belle saison, le métro donne accès à plusieurs marchés publics plus ou moins grands, comme celui-ci, tout près de Côte-des-Neiges.

Ⓥ PIE-IX

Le marché Maisonneuve est à plusieurs centaines de mètres de la station Pie-IX, mais son architecture et ses commerces méritent le détour.

LE MARCHÉ MAISONNEUVE — RAYNALD MURPHY SCA 29/05/2010

FRONTENAC

Autre marché, minuscule et saisonnier, celui-là,
mais pas moins apprécié, juste aux portes du métro.

JEAN-DRAPEAU

Après l'Expo 67, on s'est efforcé de donner une nouvelle vocation à quelques-uns des pavillons. Celui de la France est devenu le Casino de Montréal.

CASINO

Raynald Murphy SCA
LE CASINO DE MONTRÉAL

⊖ GUY-CONCORDIA
Les bars et les terrasses de la rue Crescent sont des destinations appréciées des jeunes touristes assoiffés et des étudiants et étudiantes des universités environnantes.

⊖ GUY-CONCORDIA
La rue Sainte-Catherine accueille aussi des bars plutôt coquins et des salles de billard.

Les parcs et les sciences

Le Jardin botanique, avec ses floralies, et l'Insectarium ne sont pas bien loin de la station Pie-IX. Et ils valent vraiment le déplacement. On a accès au Planétarium par la station Viau. Le Centre des sciences de Montréal est à quelques pas de la station Champ-de-Mars. Mes parcs préférés, le mont Royal et le parc La Fontaine, sont un peu loin des stations de métro. On s'y rend plutôt à bicyclette, en bus ou en auto.

⬆ VIAU

Le Biodôme (qui fut un vélodrome à l'époque olympique) attire maintenant petits et grands observateurs d'oiseaux et d'autres animaux.

IBIS ROUGE
SCARLET IBIS
(EUDOCIMUS RUBER)

ARACARI VERT
GREEN ARACARI
(PTEROGLOSSUS VIRIDIS)

SPATULE ROSÉE
ROSEATE SPOONBILL
(AJAIA AJAJA)

PERRUCHE ALEXANDRE
ALEXANDRINE PARAKEET
(PSITTACULA EUPATRIA

JEAN-DRAPEAU

C'est Jean-Drapeau qui a obtenu pour Montréal l'Exposition universelle de 1967. Il a fait construire l'île Notre-Dame et agrandir l'île Sainte-Hélène en disposant de la terre retirée des tunnels du métro. C'est là que se dresse la Biosphère, créée par Buckminster Fuller. À l'origine, elle était couverte de panneaux transparents, qu'un incendie a fait disparaître.

LE JARDIN BOTANIQUE

⊕ PIE-IX

Le Jardin botanique de Montréal, créé par le frère
Marie-Victorin, est à plus de deux cents mètres du
métro. Mais ce n'est pas une raison, en toute saison,
pour ne pas fréquenter ses immenses serres.

Le plus long musée du monde ?

Probablement pas. Mais j'ose affirmer que le métro de Montréal est incontestablement le plus long musée d'art contemporain du Québec.

Sur plus de 70 kilomètres, on peut admirer une centaine d'œuvres, généralement de très grand format, créées par presque autant d'artistes.

On y trouve plusieurs des plus grands noms de l'art québécois : Jean-Paul Mousseau, Jacques de Tonnancour, Marcelle Ferron, Yves Trudeau, Charles Daudelin, Claude Vermette, Frédéric Back, Mario Merola, Jordi Bonet, Peter Gnass. Et aussi des œuvres d'artistes moins connus, pas moins intéressantes.

Jean Drapeau rêvait du «plus beau métro du monde». À l'inauguration, en 1966, les œuvres d'art y étaient pourtant peu nombreuses. La plupart étaient payées par des commanditaires privés, et l'argent tarda parfois à arriver. Par la suite, d'autres œuvres furent financées par des programmes gouvernementaux.

Le premier directeur artistique du métro fut le caricaturiste Robert LaPalme, qui n'aimait pas beaucoup l'art non figuratif et qui privilégiait des œuvres éducatives et historiques. Certaines des premières œuvres du métro, notamment aux stations Papineau, Berri-UQAM, Sherbrooke et Place-des-Arts, répondent à ces critères. Heureusement, quelques artistes ont su transgresser les exigences de M. LaPalme, qui furent rapidement oubliées.

Pour un ticket de métro

Je vous propose un itinéraire pour voir les œuvres d'art du métro qui vous sont accessibles en ne payant qu'un seul titre de transport.

En effet, j'ai réuni ici uniquement les œuvres que vous pouvez voir sans payer un autre passage pour continuer votre visite, ce qui risquerait de vous coûter cher si vous teniez à voir toutes les œuvres d'art du métro, sans exception.

J'ai donc retiré de ma liste les œuvres érigées à l'extérieur des stations et toutes celles que vous ne pouvez voir que si vous devez franchir un tourniquet de sortie.

La visite peut prendre au total une dizaine d'heures, puisque vous devrez descendre à chaque station proposée et attendre quelques minutes avant de monter dans la prochaine rame de métro pour continuer votre périple. Vous la ferez plus confortablement si vous évitez les heures de pointe, mais alors vous attendrez plus longtemps l'arrivée du train suivant. Vous pouvez évidemment partir de la station de votre choix et suivre l'itinéraire en une seule fois ou plusieurs.

Sachez que le tout prendra beaucoup plus que les 120 minutes autorisées par votre titre de transport, qui ne vous permet pas de faire un aller-retour. Si vous êtes respectueux des règlements, vous paierez un autre passage après deux heures ou en arrivant au bout d'une ligne.

Il ne sera pas toujours facile de trouver les œuvres mentionnées. Certaines sont parfaitement visibles sur les quais, mais d'autres ornent des couloirs ou des escaliers que vous pourriez ne pas songer à emprunter. Dans quelques cas, vous devrez lever la tête ou regarder derrière vous si vous ne voulez rien manquer. Quelques œuvres ne sont visibles que de loin, car elles sont au-delà des tourniquets. La quasi-totalité sont clairement identifiées et commentées par un court texte dans une pastille ronde fixée au mur.

Pour bien apprécier cette visite artistique, je vous conseille vivement de consulter, avant votre départ et à votre retour, la section «L'ART DU MÉTRO» du site www.stm.info.

Mes coups de cœur

Je me permets d'exprimer quelques-unes de mes préférences personnelles, en espérant de ne choquer aucun des artistes que je n'ai pas inclus dans ma courte liste.

À Saint-Michel, on peut voir, sur les quais, quatre murales qui valent un ticket de métro à elles seules. Presque dissimulées derrière des blocs de verre, elles ne sont pas faciles à voir, mais l'effet est saisissant. La station Outremont est, à mon humble avis, la plus jolie tant de l'intérieur que de l'extérieur, et la murale de Gilbert Poissant est parfaitement intégrée dans le décor. Difficile de ne pas mentionner *Citius*, *Altius*, *Fortius*, la grande murale de Jordi Bonet créée juste avant les Jeux olympiques de 1976 pour Pie-IX, qui allait être la station des J.O. À la célèbre verrière de Marcelle Ferron qui orne la station Champ-de-Mars, je préfère celle qu'elle a créé pour Vendôme, plus petite mais magnifique lorsqu'on lève la tête depuis le quai par une journée ensoleillée. Et je donnerais le grand prix de l'art discret aux bandes verticales en aluminium texturé que Charles Daudelin a créées à la station Mont-Royal, sur les quais. Je suis passé devant plusieurs fois avant de les remarquer.

Note : seules les œuvres situées à l'intérieur des tourniquets ou tout juste à côté ont été considérées pour cette liste, qui n'inclut que des stations sur le territoire de Montréal.

🔽 LIGNE JAUNE

BERRI-UQAM : murales de Claude Vermette; *Hommage aux fondateurs de la ville de Montréal*, verrière de Pierre Gaboriau et Pierre Osterrath; tableaux de Robert LaPalme.
JEAN-DRAPEAU : murales de l'architecte Jean Dumontier.

🔽 LIGNE BLEUE

SAINT-MICHEL : murales de Marcelin Cardinal, Charles Lemay, Lauréat Marois et Normand Moffat.

D'IBERVILLE : *Le Pélican*, murale d'Eddy Tardif.

FABRE : revêtements muraux de Jean-Noël Poliquin.

JEAN-TALON : murale de Judith Bricault Klein; murales de l'architecte Gilbert Sauvé.

DE CASTELNAU : bas-reliefs de Jean-Charles Charuest.

PARC : revêtements muraux d'Huguette Desjardins.

ACADIE : *Lieu de rendez-vous*, horloge et bancs de Météore Design; bancs de Michel Morelli.

OUTREMONT : murale de Gilbert Poissant.

UNIVERSITÉ-DE-MONTRÉAL : murale de l'architecte André Léonard.

CÔTE-DES-NEIGES : verrière de Claude Bettinger; sculptures de Bernard Chaudron.

SNOWDON : grille sculpturale de l'architecte Jean-Louis Beaulieu; *Les quatre saisons*, murales de Claude Guité.

🔽 LIGNE VERTE

HONORÉ-BEAUGRAND : murales de Jean-Paul Mousseau.

LANGELIER : grilles sculpturales de Charles Daudelin.

VIAU : *Opus 74*, murale de Jean-Paul Mousseau.

PIE-IX : *Citius, Altius, Fortius*, murale de Jordi Bonet; grille sculpturale et murale de l'architecte Marcel Raby.

JOLIETTE : murale de l'architecte Marcel Raby.

PAPINEAU : *Les Patriotes de 1837-1838*, murales de Jean Cartier et George Juhasz.

BERRI-UQAM : voir *BERRI-UQAM

SAINT-LAURENT : murales de Claude Vermette.

PLACE-DES-ARTS : mosaïque de Mosaika Art & Design.

McGILL : *La vie à Montréal au XIXe siècle*, verrières de Nicolas Sollogoub; *Passūs*, murale de Murray MacDonald.

PEEL : cercles de Jean-Paul Mousseau.

LIONEL-GROULX : *L'arbre de vie*, sculpture de Joseph Rifesser; murales de l'architecte Yves Roy.

CHARLEVOIX : verrière de Mario Merola et Pierre Osterrath.

LASALLE : murale de Peter Gnass.

DE L'ÉGLISE : bas-reliefs de Claude Théberge.

VERDUN : bas-reliefs d'Antoine Lamarche.

JOLICŒUR : cercles de l'architecte Claude Boucher.

MONK : *Pic* et *Pelle*, sculptures de Germain Bergeron.

☺ LIGNE ORANGE

HENRI-BOURASSA : *Le potager* et *Les vents*, murales de l'architecte André Léonard; *Les enfants dans la ville*, murale réalisée par 330 enfants montréalais; *.98*, murales d'Axel Morgenthaler.

CRÉMAZIE : *Le poète dans l'univers*, murale de Georges Lauda, Paul Pannier et Gérard Cordeau.

JEAN-TALON : voir *JEAN-TALON

MONT-ROYAL : bandes verticales de Charles Daudelin.

SHERBROOKE : mosaïque de Gabriel Bastien et Andrea Vau.

BERRI-UQAM : voir *BERRI-UQAM

CHAMP-DE-MARS : verrière de Marcelle Ferron.

SQUARE-VICTORIA–OACI : *Kawari Kabuto*, murale de Robert Savoie.

GEORGES-VANIER : *Un arbre dans le parc*, sculpture de Michel Dernuet.

LIONEL-GROULX : voir *LIONEL-GROULX

PLACE-SAINT-HENRI : sculpture de Jacques de Tonnancour; *Bonheur d'occasion*, murale de Julien Hébert.

VENDÔME : verrière et sculpture de Marcelle Ferron.

VILLA-MARIA : cercles de l'architecte André Léonard.

SNOWDON : voir *SNOWDON

CÔTE-SAINTE-CATHERINE : murales de l'architecte Gilbert Sauvé.

NAMUR : *Système*, structure tridimensionnelle de Pierre Granche.

DE LA SAVANE : *Calcite*, sculpture de Maurice Lemieux.

DU COLLÈGE : colonne ionique de l'architecte Gilles S. Bonetto; murale d'Aurelio Sandonato.

CÔTE-VERTU : *Relief, négatif positif*, murales d'Yves Trudeau.

ASSOMPTION
Guy Montpetit est l'auteur de six murales
en plastique laminé, aux motifs mécaniques.

CHAMP-DE-MARS
L'immense verrière de Marcelle Ferron
donne à cette station un cachet unique.

Raynald Murphy
SCA
12/03/2015
MÉTRO- U. DE MONTRÉAL

 UNIVERSITÉ-DE-MONTRÉAL

André Léonard a créé deux murales en brique et en terre cuite.

PAPINEAU

George Juhasz et Jean Cartier sont les auteurs d'une série de murales faites d'émail cuit sur acier, en hommage aux Patriotes de 1837-1838. La figure de Louis-Joseph Papineau en fait évidemment partie, même si c'est plutôt à son père que la station doit son nom.

JEAN-TALON

Les trains du métro, qui ont inspiré cette grande murale à Judith Bricault Klein, peuvent être admirés même quand il n'y a pas de voitures en gare.

PEEL RAYNALD MURPHY SCA

PEEL

Jean-Paul Mousseau a créé, avec la collaboration du céramiste Claude Vermette, 54 grands cercles de céramique qui ornent les murs et le sol de la station Peel. Il n'en reste plus que 37 visibles, à la suite de la disparition de certains couloirs d'accès.

Les sons du métro

Les signaux

Certaines rames de métro émettent un signal caractéristique (qui ressemble à «dou-dou-dou») pour annoncer que les portes se ferment et que le train se met en marche. Ces trois notes (fa, si bémol, fa) me font chaque fois penser à celles de l'étrange mélodie prétendument d'origine extraterrestre du film *Rencontres du troisième type*.

À l'origine, ce son était involontairement causé par des hacheurs de courant sur certaines voitures, mais il est maintenant généré artificiellement sur presque tous les trains par des haut-parleurs pour signaler aux passagers que les portes vont fermer.

En partant d'une station en bout de ligne, les trains font plutôt une série de simples bips.

Et les rares fois qu'une rame de métro doit traverser une station sans s'arrêter, elle émet un son qui ressemble à celui d'un klaxon d'automobile.

Les voix

C'est à la comédienne Michèle Deslauriers qu'on doit la voix préenregistrée du métro de Montréal. Elle est incontestablement une de nos meilleures imitatrices, et

⊙ GUY-CONCORDIA
Sous le symbole de la lyre signalant un emplacement réservé aux musiciens, un accordéoniste sérénade passants et passantes.

cela explique qu'il me soit impossible de reconnaître sa voix, même en sachant que c'est toujours elle qui annonce la station dans laquelle on arrive ou le nom du prochain arrêt.

Certains messages plus complexes ou urgents sont dits en direct par un employé de la STM. Mais d'autres sont composés à partir d'éléments enregistrés par la comédienne et mis bout à bout sans qu'une oreille aiguisée puisse se rendre compte du montage.

Les musiciens

J'aimerais vous révéler combien d'instruments différents ont été joués dans le métro dans les cinquante dernières années, mais je n'ai pas trouvé cette information. Je suppose qu'ils y sont tous passés, incluant le piano à queue et les grandes orgues.

Personnellement, j'ai vu et entendu des clarinettes, des saxophones, des guitares, des flûtes à bec, des violons, des accordéons, des marimbas, des chanteurs.

⊕ JEAN-TALON
Un clarinettiste à casquette espère qu'on lui laissera quelques sous en échange de quelques notes.

Beaucoup utilisent un système d'amplification ou une bande d'accompagnement préenregistrée. Il y a parfois des groupes. Et on entend tous les répertoires — du jazz à l'alternatif, du classique au populaire, du folklore au rock. Il y a des emplacements pour musiciens et musiciennes dans la plupart des stations. 55 en tout, identifiés par un panneau au mur, représentant une lyre. Six emplacements sont réservés aux «Étoiles du métro», des musiciens sélectionnés une fois l'an lors d'auditions.

Les artistes ne sont pas rémunérés. Ils vivent des oboles qu'on veut bien leur laisser.

Parmi les nombreux règlements qui régissent leur activité, j'aime celui qui précise qu'on doit «éviter la répétition constante d'une même pièce (par respect pour les employés et concessionnaires du métro qui ne peuvent éviter d'entendre les musiciens)».

⊕ PLACE-DES-ARTS
À côté de la murale de Frédéric Back consacrée à l'histoire de la musique à Montréal, un violoneux à la mode d'autrefois met à profit la technologie d'aujourd'hui.

Vélo-métro-boulot

Il y a plusieurs façons de concilier bicyclette et métro. S'il pleut ou si vous voulez aller plus loin que vos jambes en ont envie, vous pouvez attacher votre bécane à un des supports à vélo qu'on trouve près de nombreuses stations. On peut aussi, hors des heures de pointe, entrer dans le métro avec (et non sur) sa bicyclette, qui sera acceptée dans la voiture de tête. On peut également profiter de Bixi, le système de vélo en libre-service, car il y a des stations d'ancrage près de plusieurs stations de métro. Pour éviter d'affronter les côtes (par exemple, dans l'axe nord-sud, le long de la rue Berri), des cyclistes descendent à Bixi le matin vers le centre-ville et rentrent à la maison en métro, laissant aux camions du système le soin de rapporter le vélo au point de départ.

Ⓜ LASALLE
À l'entrée de plusieurs stations de métro, les amateurs de transport bimodal trouvent des supports pour fixer leur vélo.

CHARLEVOIX

En emportant sa bicyclette dans le métro, on peut, sans s'épuiser, se rapprocher des nombreuses pistes cyclables de Montréal. (Ici, celle du canal Lachine, sur fond de gratte-ciel.)

PLACE-D'ARMES
Quiconque apprécie le vélo en libre-service trouvera à l'entrée de plusieurs stations de métro des stations d'ancrage où prendre ou laisser un Bixi.

Que faire dans le métro ?

On a l'embarras du choix. C'est ce que notre artiste a voulu démontrer en croquant quelques scènes à l'encre ou au crayon dans son petit carnet, malgré les vibrations qui lui compliquaient la tâche.

Pour ma part, mes occupations varient avec l'heure. Si je dois aller en ville le matin, j'aime bien finir la lecture de *La Presse*+ ou du *Devoir* sur mon iPad. Mais comme le Métro ne donne pas accès à Internet, je dois me contenter de ce que j'ai téléchargé au préalable dans mon appareil. Par exemple, je dois attendre d'être rentré chez moi pour regarder les bandes-annonces des films qui viennent de sortir.

Si je voyage plus tard dans la journée, il m'arrive parfois de prendre un journal papier gratuit. Il y en a deux : *Métro*, distribué à l'extérieur des stations par des camelots, et *24 heures*, offert dans les stations, surtout dans des distributrices métalliques. J'ai beau être assoiffé d'information, je ne prends jamais plus qu'un des deux (de préférence *24 heures*, qui participe, me semble-t-il, au financement du métro, en échange du droit d'être distribué à l'intérieur des stations). Une fois le journal terminé (il se lit rapidement), je m'efforce de le laisser dans les bacs à recyclage plutôt que de l'abandonner sous un siège.

De temps à autre, j'achète *L'itinéraire*, magazine fort bien fait et distribué à l'entrée de certaines stations par des itinérants, que la vente aide à se réintégrer.

En rentrant chez moi en fin de journée, il m'arrive de jouer au *Scrabble* sur mon iPad. Bien entendu, si le livre que j'ai commencé à lire chez moi me passionne, je l'emporte, même si je préfère lire plus confortablement, dans mon salon.

Tout cela ne peut se faire que si j'ai une place assise. Si je n'en ai pas, je me contente d'attendre patiemment mon arrivée à destination en observant les autres passagers.

J'ai essayé d'écouter de la musique, debout ou assis. Mais je dois dire que le bruit ambiant dans les voitures me rendait l'expérience peu satisfaisante. J'ai essayé des écouteurs avec atténuateur de bruit. Ce n'était pas tellement mieux. Si ce livre me rapporte des droits d'auteur suffisants, j'essaierai peut-être un casque d'écoute haut de gamme.

DANS LE MÉTRO, ON PEUT...

... se plonger dans la lecture du journal...

... regarder dehors même s'il n'y a rien à voir...

... se réfugier dans sa bulle...

... s'offrir encore quelques minutes de sommeil...

... réviser des notes de cours...

... rêver qu'un jour un prince viendra...

... réfléchir à la journée qui commence...

... écouter le dernier Jean Leloup...

... espérer qu'à la sortie on n'aura pas besoin du parapluie...

... s'appuyer sur son vélo pour éviter qu'il tombe...

... se tourner les pouces, seul ou avec d'autres...

... préparer un texto d'une main et se tenir fermement de l'autre...

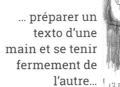

... écouter une émission en baladodiffusion...

... s'évader dans quelques pages de Monique Proulx...

... se perdre dans un jeu vidéo...

... ou simplement attendre d'être arrivé là où on va.

⊙ **JEAN-TALON**
Dans les escaliers mécaniques,
si on est fatigué ou pas pressé,
on garde la droite pour laisser
les autres monter ou descendre
plus rapidement.

Raynald Murphy sca

Courtoisie et habitudes

Je ne connais aucune étude démontrant qu'on est plus courtois dans le métro à Montréal que dans d'autres villes.

Il n'empêche que j'en suis convaincu. Les bousculades sont rares. Les gens laissent sortir les passagers avant de monter dans une voiture. Il y a bien quelques personnes qui hâtent le pas pour s'assurer d'un siège, mais je ne peux pas les en blâmer, puisque je le fais moi aussi. Et il me semble que je suis de moins en moins souvent dérangé par le son s'échappant des casques d'écoute des audiophiles. Mais je deviens peut-être simplement de plus en plus dur d'oreille.

Il y a un comportement qui ne cesse de m'épater. Dans les escaliers mécaniques, il y a deux attitudes possibles. Si on n'est pas pressé, on reste immobile sur une marche et on se laisse porter vers le haut ou vers le bas en profitant de quelques instants de repos. Si on est pressé (ou athlétique), alors on monte ou descend les marches pour arriver plus rapidement au sommet ou en bas. Eh bien ! tout le monde ou presque, dans le métro de Montréal, sans qu'on nous en fasse la demande par quelque ordre visuel ou sonore, respecte la même consigne: les immobiles restent sur la moitié droite des marches et laissent la gauche aux gens pressés.

J'ai d'abord cru qu'il s'agissait d'une extension naturelle de la circulation à droite pour les automobiles. Il semble que non. Raynald Murphy a fait la même observation dans le métro de Londres, capitale d'un pays où la circulation à gauche est pourtant obligatoire. Et j'ai vu récemment, de mes propres yeux, dans les escaliers mécaniques du métro aérien de Bangkok, des panneaux (en thaï et en anglais) exhortant les voyageurs immobiles à garder la droite, pour laisser la gauche aux gens pressés. Pourtant, en Thaïlande comme en Angleterre, les voitures circulent à gauche. Dans les années à venir, je me propose de poursuivre cette recherche fascinante dans d'autres métros du monde.

Par contre, je remarque souvent que des jeunes en parfaite santé — souvent des ados — se précipitent dans les ascenseurs (particulièrement un de ceux de la station Henri-Bourassa) pour économiser quelques pas et quelques calories. Ces ascenseurs sont pourtant là pour les handicapés et les poussettes de bébés. Il m'arrive de les emprunter lorsque je traîne de lourds bagages. Mais je ne jetterai pas la pierre à ces jeunes gens parce que rien ne prouve que je n'aurais pas fait la même chose à leur âge, s'il y avait eu un métro à Montréal et des ascenseurs dans ce métro.

Il y a aussi des sièges réservés aux femmes enceintes, aux malvoyants et aux gens à mobilité réduite. Malheureusement, lorsqu'on y est assis, on ne voit ni l'autocollant au dossier ni le panneau de plastique au-dessus du siège qui recommandent aux bien-portants de céder cette place. Il m'arrive parfois de signaler à une personne qui occupe un de ces sièges la présence d'une personne qui y a droit. Et on obtempère de bonne grâce.

Il n'est pas très fréquent que des jeunes gens offrent de céder leur siège à une personne aux cheveux blancs ou poivre et sel comme les miens. Mais cela arrive. Et pas seulement lorsque le jeune s'apprête à sortir à l'arrêt suivant.

Le collègue écrivain François Gravel me disait qu'on s'aperçoit qu'on est vieux lorsqu'on se fait offrir un siège. J'ajouterai qu'on sait qu'on est très vieux lorsque — cela m'est arrivé une fois — le siège est offert par une personne aux cheveux blancs.

⊙ SNOWDON
Les bousculades sont rares dans le métro de Montréal.

Le réseau souterrain

Beaucoup d'étrangers ont entendu parler, avant même d'arriver à Montréal, du réseau souterrain qui relie, à l'abri de la neige et de la pluie, plusieurs stations de métro à des dizaines de lieux et d'édifices.

Le site de la ville de Montréal affirme qu'il est «le plus vaste réseau de galeries intérieures au monde».

Il s'étend sur 29,7 kilomètres, de la rue Saint-André à l'est jusqu'à l'immeuble Westmount Square à l'ouest, et de la rue Notre-Dame au sud à la rue Sherbrooke au nord.

Il permet de passer de l'un à l'autre de nombreux immeubles sans mettre le nez dehors ou les pieds dans la neige ou l'eau de pluie. Tous les ans, le festival Art souterrain offre une série d'activités artistiques et d'expositions. On peut aussi profiter du RÉSO pour pratiquer la marche ou la course à pied en toute saison, et même participer à des compétitions.

Vous trouverez des plans du réseau souterrain en tapant, dans Google, «Le plus vaste réseau» ou «centre-ville ct ville intérieure STM».

Dans quelques secteurs, mais pas dans tous, des pictogrammes RÉSO vous guideront.

Aux touristes qui salivent à l'idée d'en faire la découverte, j'offre toutefois une mise en garde : les gens de Montréal fréquentent peu leur RÉSO, ou alors par petits bouts seulement.

Il faut dire que les couloirs sont souvent grisâtres. Et que le charme des boutiques souterraines n'est pas toujours évident. Cela ne ressemble ni aux Champs-Élysées, ni aux Ramblas, ni même à la rue Sainte-Catherine.

Finalement, il vaut peut-être mieux mettre le nez dehors pour découvrir le centre de Montréal.

⏱ PLACE-DES-ARTS

Les couloirs de la Place des Arts sont reliés au RÉSO intérieur et souterrain de Montréal. Ils en sont même une des parties les plus agréables à visiter.

⬇ SQUARE-VICTORIA—OACI
Le RÉSO vous amènera, dans l'atrium du Centre de commerce mondial de Montréal, à cette statue de fontaine qui représente Amphitrite, épouse de Poséidon. Œuvre de Dieudonné-Barthélémy Guibal (1699-1757), elle ornait à l'origine une fontaine à Saint-Mihiel, en France.

VIA

LA GARE CENTRALE

⊙ BONAVENTURE

La gare Centrale est un des points centraux du
RÉSO, qui permet d'y accéder à partir de plusieurs
stations de métro, Bonaventure étant sans doute la
plus proche.

Battre les Suisses à leur propre jeu

En préparant ce livre, il m'est venu une idée qui ne m'a pas paru incongrue: si je voulais écrire un livre, même bref, sur le métro, il fallait que j'en essaie toutes les lignes et en visite toutes les stations.

Tant qu'à faire, aussi bien en profiter pour vérifier les horaires. J'étais convaincu que cela nous vaudrait une comparaison humiliante avec les Suisses, champions de l'exactitude.

Il faut dire que, trente ans plus tôt, j'étais allé faire un tour chez les Helvètes. À Genève, où j'avais pris un billet de chemin de fer en direction de la France, on m'avait expliqué que je devrais changer de train après une trentaine de kilomètres: «Prenez le passage souterrain vers le quai numéro 3, mais ne tardez pas, le train arrivera dans les deux minutes.» J'étais sceptique. N'empêche que, dès que je fus arrivé sur le quai numéro 3, mon deuxième train entrait en gare.

L'exactitude montréalaise pouvait-elle se comparer à la suisse ? Pour en avoir le cœur net, j'ai chronométré toutes les lignes de notre métro, d'un bout à l'autre, le 17 novembre 2014.

La ligne Orange, de Montmorency à Côte-Vertu, m'a pris 46 minutes. La ligne Verte, d'Angrignon à Honoré-Beaugrand,

38. La Jaune, de Berri-UQAM à Longueuil—Université-de-Sherbrooke, 5 seulement. Et la Bleue, de Saint-Michel à Snowdon, 16.

De retour chez moi, j'ai comparé ces résultats avec l'horaire calculé par le site Internet de la STM pour les mêmes heures. Ligne Orange : 46 minutes. Ligne Verte : 38. Ligne Jaune : 5. Ligne Bleue : 15.

Au total, une seule minute de différence sur quatre trajets d'un total d'une heure et 45 minutes ! Et encore, si je les avais chronométré à la seconde près, cette différence aurait peut-être été effacée.

Les Suisses n'ont donc pas de leçon à nous donner. Des usagers grincheux protesteront qu'il y a parfois des pannes dans le métro de Montréal. Je répliquerai que les trains suisses en ont sûrement aussi.

En tout cas, je lève mon chapeau à la STM, à ses gestionnaires, à ses opérateurs, à ses informaticiens, aux responsables de l'entretien et à tous ceux et celles qui font arriver le métro parfaitement à l'heure, au moins lorsque je décide de le chronométrer.

Au total, ce périple souterrain m'a pris un peu plus de quatre heures (il y a des segments que j'ai dû faire à deux reprises,

⊙ LIONEL-GROULX
Pourquoi courir, quand on sait qu'une autre rame arrivera bientôt?

changer de ligne n'est pas instantané et il a fallu que je rentre chez moi). Il m'a coûté moins de quatre dollars, car j'ai droit au tarif réduit pour les aînés. La randonnée aurait pu me coûter moins cher si, à Longueuil, il ne m'avait pas fallu payer encore pour faire demi-tour.

Malgré ces frais, on peut considérer le métro comme un divertissement qui ne coûte pas cher de l'heure, même au plein tarif. D'autant plus que le titre de transport nous permet aussi de nous rendre, à condition de ne pas y mettre plus de 120 minutes, en tout endroit desservi par le service d'autobus de la STM, ce qui veut dire toute l'île de Montréal, avec en prime les îles Bizard, Sainte-Hélène, Notre-Dame et des Sœurs (mais en excluant le bus 747 vers l'aéroport de Dorval).

D'après mes calculs, la vitesse moyenne dans le métro est d'environ 40 kilomètres à l'heure, ce qui n'est pas si mal, quand on songe aux nombreux arrêts.

Vous voulez une façon simple de connaître le temps nécessaire entre votre station de départ et celle de l'arrivée? Comptez le nombre de stations qui les séparent. S'il faut 105 minutes pour relier 68 stations de métro, vous pouvez prévoir une minute et demie en moyenne entre deux stations.

Azur et autres horizons

Au moment d'écrire ces lignes, les nouveaux trains Azur fabriqués à La Pocatière par Bombardier ne sont pas encore en service. Lorsque vous les lirez, vous aurez peut-être déjà constaté à quel point ces voitures sont plus spacieuses, pratiques et confortables, si c'est le cas.

Mais les trains sont loin de constituer la seule amélioration apportée au métro de Montréal pendant ses cinquante premières années.

On a plus que doublé le nombre des stations et des kilomètres de voie. Depuis le prolongement du métro à Laval, les nouvelles stations sont équipées d'ascenseurs pour les handicapés, les poussettes de bébés et les voyageurs paresseux. Et on a commencé à en installer dans plusieurs stations plus anciennes. Sur les quais, on a ajouté des écrans qui permettent de savoir dans combien de minutes arrivera le prochain train. On a introduit la carte Opus pour simplifier l'accès au réseau de transport en commun. On a ajouté des œuvres d'art sur les quais et dans les couloirs. On a permis l'accès aux vélos à certaines heures. On a commencé à donner accès au téléphone cellulaire dans plusieurs segments du réseau. On a ajouté des flèches sur les quais les plus achalandés pour nous indiquer où nous placer pour faciliter la sortie des passagers. Et il y a sûrement de nombreuses autres améliorations que j'oublie ou dont je n'ai pas pris conscience.

Que nous réservent les cinquante prochaines années ? Ce que je souhaite surtout, c'est qu'on doublera encore le nombre de kilomètres et de stations. Déjà, on nous promet un prolongement vers Anjou. Ensuite, une ligne qui fermerait la boucle, entre Côte-Vertu et Montmorency. À tort ou à raison, des gens rêvent de tramways, d'autobus électriques rechargeables ou de monorails pour compléter le réseau.

Quoi qu'il arrive et malgré les progrès spectaculaires de la médecine, il est douteux que je sois là pour fêter le centième anniversaire de notre métro. J'espère seulement que quelqu'un d'autre a commencé à prendre des notes pour lui rendre hommage en 2066.

⊕ PARC

Sur les lignes Orange et Bleue, les nouvelles voitures Azur – avec leurs sièges bleu pâle – succéderont aux voitures MR-73, qui remplaceront les MR-63 sur les lignes Verte et Jaune.

Médiagraphie sommaire

Une médiagraphie est une bibliographie dans laquelle on ne trouve pas seulement des livres, mais aussi des sites Internet, des applications pour tablettes et d'autres sources d'informations.

Comme 2016 marque le cinquantième anniversaire du métro de Montréal, notre médiagraphie risque d'être désuète avant même d'être imprimée, car de nouvelles publications sont inévitables. Je souhaite seulement que celle que vous avez entre les mains vous montrera et apprendra des choses que vous ne trouverez pas dans les autres.

Il n'empêche que quelques titres déjà publiés méritent d'être mentionnés. Je pense d'abord au monumental *Métro, le design en mouvement*, de John Martins-Manteiga, Dominion Modern, 2011. Un pavé bilingue de 442 pages grand format, abondamment illustré de photos en couleur et — étonnamment — publié à Toronto. Vous saurez presque tout sur notre métro et ses stations.

Mentionnons aussi *Le métro de Montréal, 35 ans déjà*, par Benoît Clairoux, Hurtubise HMH, 2001. Pas le livre le plus récent, mais l'histoire du métro y est particulièrement bien racontée, sauf pour les quinze dernières années,

évidemment. Il m'a appris plusieurs des faits que je vous ai communiqués.

J'aurais aimé pouvoir citer tous les livres — les films aussi, et tant qu'à faire les émissions de télévision — dans lesquels le métro de Montréal est vu ou mentionné. Mais cela dépasse mes capacités.

Je peux néanmoins signaler *Paul dans le métro*, bande dessinée de Paul Rabagliatti. Comme toujours, avec Rabagliatti, on s'amuse intelligemment.

On pourra me reprocher de mentionner *Lignes de métro*, recueil de nouvelles publié sous la direction de Danielle Fournier et Simone Sauren, VLB éditeur, 2002. J'y ai un texte, «Le métro à la campagne», qui propose que le métro soit dorénavant creusé à la campagne pour en réduire les coûts.

Du côté musical, je confesse mon ignorance des dizaines de chansons faisant allusion à notre métro. J'aime bien *La Ligne Orange*, album du groupe Mes aïeux, présenté en 2008.

Pour les sites Internet, je ne vous compliquerai pas la vie avec de longues adresses pénibles à transcrire. Je vous suggère plutôt quels mots taper dans votre moteur de recherche préféré pour trouver le site proposé. Par exemple, le site de la Société de transport de Montréal se trouve aisément en tapant «STM» dans Google. Il vous aidera à tracer vos itinéraires. Il suffit de donner le point de départ et la destination, avec l'heure de départ ou d'arrivée souhaitée, et le logiciel vous montrera quelles lignes de métro et d'autobus utiliser. Ce site regorge d'informations utiles (plans, tarifs, horaires) et de renseignements sur les architectes de chaque station de métro, l'année d'ouverture, etc. Vous pouvez même vous inscrire pour recevoir gratuitement, par courriel ou par texto, des alertes en cas d'interruption du service de plus de 10 minutes.

Google Maps offre une fonction d'itinéraires similaire à celle de la STM. Et la fonction «Street View» permet de voir les stations de métro et leur environnement sans mettre le nez hors de chez soi.

Pour tout connaître sur la toponymie des stations et autres lieux de Montréal, tapez «Montréal toponymie» dans Google. «metrodemontreal» vous guidera vers le «site non officiel des amateurs du métro montréalais». Il abonde en renseignements que je n'ai trouvés nulle part ailleurs. Et sa foire aux questions vaut le détour.

«musimetromontreal» vous fera découvrir le Regroupement des musiciens du métro de Montréal. Vous apprendrez tout ce qu'il faut savoir si jamais il vous prend l'envie de vous faire entendre dans le métro.

Sur les tablettes et téléphones intelligents, on peut consulter les sites mentionnés plus haut, mais il y a des applications qui méritent une mention. Plusieurs offrent des plans du réseau de transport en commun de Montréal (et d'autres villes). J'aime bien Transit et Moovit, qui vous montrent le temps d'attente des bus et rames de métro, à partir de l'endroit où vous êtes. À Montréal, cela ne se fait pas encore à partir de la circulation réelle des véhicules, mais uniquement par les horaires de la STM.

Un jour pas si lointain, on pourra suivre la progression des autobus et du métro en temps réel. On aura peut-être non seulement le cellulaire, mais aussi le wi-fi partout dans les stations et les trains. De nouvelles applications surgiront. Et d'autres technologies nous faciliteront la vie. Ou nous la compliqueront.

Une chose est sûre : on n'arrête pas le progrès.

Index des illustrations

ACADIE, 16

ANGRIGNON, 17

ASSOMPTION, 18, 98

BEAUBIEN, 78

BEAUDRY, 19

BERRI-UQAM, 60

BONAVENTURE, 20, 65, 69, 76, 118

CADILLAC, 21

CARTIER, 22

CHAMP-DE-MARS, 4-5, 9, 11, 23, 68, 99

CHARLEVOIX, 107

CÔTE-DES-NEIGES, 86

CÔTE-SAINTE-CATHERINE, 73

CÔTE-VERTU, 24

CRÉMAZIE, 25

D'IBERVILLE, 27

DE CASTELNAU, 26

DE LA SAVANE, 57

DU COLLÈGE, 79

ÉDOUARD-MONTPETIT, 28

FABRE, 29

FRONTENAC, 88

GUY-CONCORDIA, 61, 90, 104

HENRI-BOURASSA, 56

JARRY, 30

JEAN-DRAPEAU, 64, 89, 92

JEAN-TALON, 31, 80, 102, 105, 112

JOLICŒUR, 32

JOLIETTE, 33

LANGELIER, 34

LASALLE, 106

LAURIER, 84

LIONEL-GROULX, 35, 75, 83, 120

LONGUEUIL—UNIVERSITÉ-DE-SHERBROOKE, 36

LUCIEN-L'ALLIER, 37, 63

McGILL, 62, 74

MONK, 38

MONT-ROYAL, 72

MONTMORENCY, 39

NAMUR, 85

OUTREMONT, 40

PAPINEAU, 41, 101

PARC, 42, 122-123

PEEL, 103

PIE-IX, 43, 66, 87, 93

PLACE-D'ARMES, 71, 82, 108

PLACE-DES-ARTS, 6, 67, 70, 77, 81, 105, 116

PLACE-SAINT-HENRI, 44

PLAMONDON, 45

PRÉFONTAINE, 46

ROSEMONT, 47

SAINT-LAURENT, 48

SAUVÉ, 49

SHERBROOKE, 50

SNOWDON, 114

SQUARE-VICTORIA—OACI, 51, 117

UNIVERSITÉ-DE-MONTRÉAL, 59, 100

VENDÔME, 52

VERDUN, 53

VIAU, 54, 91

VILLA-MARIA, 55